Peter Menne Westfalenlob

Bilder aus dem Land der Mettendchen und Hinterschinken

mit Texten von

Annette von Droste-Hülshoff
Die Bullemänner | Fritz Eckenga | Erwin Grosche | Michael Klaus
Edgar Külow | Andreas Scheffler | Ralf Thenior

tpk Regionalverlag

INHALT

6 Kinder, Kinder

18 Idylle in Schwarz-Bunt

38 Städter

62 Herzenswünsche

74 Vaterunser

86 Vereint Feste feiern

Peter Menne und das Menschenwesen

Ein Vorwort von Walter Gödden

›Westfälisches Sittengemälde‹ hat Peter Menne eines seiner Westfalenbücher im Untertitel genannt. Das lässt doch gleich an die Droste denken. Auch sie hat ein ›westfälisches Sittengemälde‹ geschaffen, ihre ›Judenbuche‹ nämlich, heute millionenfach verbreitet und in alle Weltsprachen übersetzt. Mit ihrem Sittengemälde hatte sich die Dichterin – vor gut 160 Jahren – viel Ärger eingehandelt. Schon im Vorfeld hatte sie vermutet, dass ihre Landsleute sie steinigen würden, wenn sie diese nicht zu ›lauter Engeln‹ mache. Als die Autorin dann mit ihren ›Westfälischen Schilderungen‹ noch eins draufsetzte und den Paderborner, Sauerländer und Münsterländer ganz aus ihrer Sicht – also höchst subjektiv – porträtierte, löste das nach den Worten der Dichterin eine ›fatale Sensation‹ aus, die in vielen Zeitschriftenspalten breit getreten wurde – es hagelte wüste Beschimpfungen.

So viel zur Geschichte. Heute ist der mehr oder weniger angeschrägte Blick auf ›den Westfalen wie er leibt und lebt‹ ein fester literarischer Topos. Bei den Comedians sowieso – das gehört zum Metier –, bevorzugt aber auch bei den Satirikern, die ebenfalls gern mit typischen Westfalenklischees kokettieren und kein Fettnäpfchen auslassen, in das einmal ein Westfale getappt sein soll. Wo nachzulesen? Bei jenen Autoren, die Peter Menne bei seinen Westfalenbüchern und -kalendern zur Mitarbeit eingeladen hat und die in der vorliegenden Veröffentlichung noch einmal als ›geballte Ladung‹, als Stoßtrupp sozusagen, paradieren. Ob Michael Klaus, Erwin Grosche, Ralf Thenior, Fritz Eckenga, die Bullemänner, Edgar Külow oder Andreas Scheffler – sie sind allesamt Westfalenkenner aus Passion mit genauem Blick für die Stärken und Schwächen ihrer Landsleute. Und alle bringen ein subtiles Gespür dafür mit, ihre Landsleute zwar gehörig aufs Korn und auf die Hörner zu nehmen, zwischen den Zeilen aber auch durchblicken zu lassen, dass es Schlimmeres gibt, als im ›Land der Schinken und Würste‹ (Heinrich Heine) geboren zu sein. Das gilt übrigens auch für die Droste, um den Kreis wieder zu schließen. Ihr Roman ›Bei uns zulande‹ ist so etwas wie ein Versöhnungsbuch, in dem ein Westfalenpatriot erklärt: »Ich bin ein Westfale, und zwar ein Stockwestfale, nämlich ein Münsterländer – Gott sei Dank!« Peter Menne hat ein besonderes Sensorium für solche Zwischentöne. In seinem Droste-Kalender interpretierte er die Dichterin satirisch – sehr zum Wohle des Lesers, der die vermeintlich bieder-konservative Autorin nun ganz anders wahrnimmt.

Peter Menne hat bei der Auswahl seiner Projektpartner ein glückliches Händchen bewiesen. Seine Mitstreiter treffen jenen richtigen Ton, jene Nuancen, auf die es auch Menne in seinen Zeichnungen ankommt. Man wird von gleichgestimmten Naturellen sprechen können, die sich gesucht und gefunden haben und die zusammenpassen wie die berüchtigte Faust aufs Auge. Womit wir bei den kleinen und großen Katastrophen sind, die Menne in seinen Illustrationen mit Vorliebe zum Thema macht.

Seine Motive zeigen, was dabei herauskommt, wenn es dumm läuft und es dann knüppeldick kommt. Wenn man morgens mit dem falschen Fuß aufsteht und von einem Malheur ins nächste schliddert. Das ist menschlich, allzumenschlich – und erinnert an Wilhelm Busch, der wie kaum ein anderer spießbürgerliche Tugenden entlarvte. Menne sei nichts Menschliches fremd, heißt es in einer Kritik, aber bei »aller Entlarvung ... ist ihm das Menschenwesen in all seiner Verschrobenheit doch liebenswert«. Dieses ›Menschenwesen‹ hat es Menne angetan. Ihm hat er inzwischen unzählige physiognomische Studien gewidmet. Der Westfale gibt dabei offensichtlich ein besonders dankbares Objekt ab.

Bei dem Band ›Heimatkunde‹, den Menne gemeinsam mit dem Satiriker Michael Klaus realisierte, ließ Menne Bilder aus seiner Heimatstadt Delbrück Revue passieren. Auf der Suche nach der unverwechselbaren Mentalität des Westfalen mischte sich Menne ins kleinstädtische Vereinsleben, tummelte sich auf dem Schützenplatz, erinnerte sich noch einmal an den örtlichen Karneval, an Karfreitagsprozession und Katharinenmarkt. Er blickte durchs Fenster seiner Nachbarn, belauschte hier und da Gespräche, begab sich ins nächstbeste Wirtshaus, wo man Stammtischbrüdern beim Skatkloppen zuschauen kann. Ja, so ist das auf dem Lande, so könnte es gewesen sein, denkt man beim Anblick seiner Bilder, weiß aber genau, dass der Zeichner alles eine Schraubendrehung weit überzeichnet hat. Übertreibung macht halt anschaulich.

Wir schmunzeln, machen uns aber nicht über andere lustig. Die Helden des Alltags, wie sie uns Menne vor Augen stellt, kommen uns irgendwie bekannt vor. Ihre Schwächen sind uns selbst nicht fremd. Hadert nicht jeder mit seinen privaten Sorgen und verheddert, verhaspelt sich bei seiner Suche nach dem kleinen Glück? Mennes westfälische Konterfeis entpuppen sich nicht als bitterböse Kalauer. Sie sind, im Gegenteil, liebevoll-sympathische Genrestückchen.

Damit ist das Grundrezept beschrieben, das auch für alle Westfalenkalender Mennes gilt. »Menne liebt den Menschen« lesen wir in einer Kritik, er sei im Grunde seines Herzens ein mitfühlender Humanist. Doch Vorsicht, man darf sich nicht täuschen lassen! Denn so harmlos, wie es auf den ersten Blick vielleicht scheint, sind Mennes Pinselstriche nicht. Bei allem Verständnis für die Verschrobenheiten, Verklemmtheiten und Spleens der westfälischen Provinzbürger können sie einem ob ihrer hinterwäldlerischen Weltfremdheit auch gehörig leidtun. War das nicht schon das Thema von Voltaires aufgeklärtem Romanklassiker ›Candide‹ (1758)? Dort wird ein naiver, gutgläubiger Westfale in die vermeintlich beste aller Welten entlassen, um dann, nach vielen Irrungen und Wirrungen, festzustellen, dass es mit dem gottesähnlichen Abglanz nicht weit her ist und überall nur Lug, Trug und Barbarei herrschen. Auch Mennes Satiren wohnt »manchmal eine geradezu beängstigende Ambivalenz« inne, die bei aller »vordergründiger Komik Blicke in die seelischen Abgründe« seiner Helden offenbare, wie konstatiert wurde. Diese Doppelbödigkeit macht nicht zuletzt das Besondere der Menneschen Karikaturen aus.

Auf einem Selbstporträt hat sich Peter Menne mit einer Narrenkappe à la Till Eulenspiegel dargestellt. Das trifft's. Denn ein Narr sagt auf seine Weise die Wahrheit – durch die Blume. Welche Gedanken den Illustrator tatsächlich umtreiben, bleibt ein Geheimnis, sein Geheimnis. Ist es ein schmerzhaftes Abreagieren an prägenden Jugenderinnerungen, die einem mit fortschreitendem Alter immer disparater, auch fragwürdiger erscheinen? Bei aller satirischen Überzeichnung ist jedoch eins unverkennbar. Menne hat mit seinen Westfalenbüchern und -kalendern ein Thema gefunden, das seinem Naturell entspricht. Acht Jahre, acht Westfalenkalender – das geht nur, wenn einen das Thema nicht loslässt und sich Bilder aufdrängen, die einfach gezeichnet sein wollen. Menne ist bekennender Heimatkundler, ob er will oder nicht.

Kinder, Kinder

„Der Kinderhort ist eine Erfindung kommunistischer Rabenmütter – da darf man seine Blagen nicht hinbringen. Andererseits müssen die Pampersrocker versorgt werden, wenn Mutti arbeitet. Da müssen Omas, Opas und Kindertagesmütter einspringen. Früher war das anders: Papa brachte die Kohle nach Hause, wo Mutti für alle Essen machte und mit ihrem Kobold saugend durch die Wohnung sauste.“

Das erste Kind des Jahres

Er hatte ihr gesagt, dass er nicht bleiben will. Er hatte ihr gesagt, dass er ein anderes Leben führen muss, und nicht an ihrer Seite. Er hatte ihr gesagt, er wäre zu jung für diesen **Familienquatsch** – er wäre zu jung, um Vater zu sein. Bekommt diese doofe Kuh das erste Kind des Jahres. Wie kann man nur so doof sein. Alle hatten ihm gratuliert. Sogar der Chefarzt der Abteilung, Dr. Weicherts, war vorbeigekommen, um ihm, zusammen mit Stationsleiterin Schwester Berta, ein Schmuseschwein zu überreichen. »Westfalen kann gute Nachrichten gebrauchen«, hatte Dr. Weicherts gesagt. Er hätte weglaufen sollen. Gleich weglaufen sollen und nicht sagen, wohin. Nun schob sie dieses Kind durch die Gegend, als wäre sie stolz auf alles und wollte ein Beispiel geben für eine gebeutelte Region.

Erwin Grosche

Opa und Oma

Das ist die kleine **Isabell Kowalsky**. Beide Elternteile arbeiten. Das Kind ist bei der Oma. Die versuchte, Isabell zu verbieten, mit dem Dreirad in der Wohnung rumzustrampeln. Da schrie das Kind wie am Spieß. Nun hat ihr Opa Kowalsky ein Kaninchen gekauft. Sie maulte. Sie wollte einen kleinen Hund haben. Neulich war einer vom Fernsehen da und sagte zum Abschied: »Das ist aber ein reizendes Kind!« Na, ja, die lügen ja alle beim Fernsehen.

EDGAR KÜLOW

Edith wuchs auf dem Land auf. Und war ein glückliches Kind. Hüpfte mit den Ziegen. Hüpfte sogar, wenn sie sonntags die Kirche betrat. In Landgemeinden kriegt aber alles schnell eine tiefe Bedeutung. Ob nun durch Eingebung oder aus Langeweile, jedenfalls sah einmal einer genauer hin und zählte, wie die Kleine die Platten im Kirchgang nahm. Fünf geradeaus. Fünf in Richtung Männerbänke und dem Gips-Christus mit seinen fünf Wundmalen, wieder **fünf geradeaus**, dann fünf in Richtung Frauenbänke, wo an der Wand der Gobelin mit den fünf klugen und den fünf törichten Jungfrauen hing. Da dachten die meisten: Sie ist eine Heilige. Ihre Eltern dachten: Das wächst sich aus. Eines Morgens saß sie wie immer in der Schule. Sie sah aus dem Fenster und sagte plötzlich zu einer Freundin: »Wenn die fünfte Kuh, die hier vorbeikommt, pinkelt, hau ich ab in die Stadt.«

Michael Klaus

Teckelzuchtschau in Westenholz

Beim Junior Handling müssen Teckel, von Kindern und Jugendlichen geführt, bestimmte Figuren absolvieren. So werden sie beispielsweise in einem Kreis geführt. Außerdem müssen die Junioren immer auf die Position des Wertungsrichters, Paul Daglowski aus Bad Salzuflen, achten. So müssen sie durch Handwechsel dem Wertungsrichter stets einen freien Blick auf den Hund ermöglichen. »Nach der Berührung mit einem Hund hat man oft das Bedürfnis, sich die Hände zu waschen. Gut ist, dass das dem Hund nicht auch so geht«, wie die Vereinsvorsitzende Nora Nebelmeier bestätigte. Bewertet werden auch **Gehorsamsbereitschaft**, **Auftreten**, **Bellklang** und **Westfalentum**. Außerdem sammelten die Veranstalter vom Deutschen Teckelklub Delbrücker Land Spenden zugunsten verlassener Tiere in Südostasien.

Erwin Grosche

Mein erster Schultag

Ich saß neben Alfons. Der kam ganz hinten aus de Bauernschaft. Die sprachen zuhause nur Platt: »Frollein, ick mott up't Hüüsken«, sagt er, »et prüllt mi aal uut de Büks!« – »Wie bitte?« Das hab ich dann gleich ins **Hochdeutsche** übertragen: «Fräulein, er muss nach'n Klo».

›Die Bullemänner‹

Idylle in Schwarz-Bunt

„Auch wenn aus so manchem stolzen Meierhof mittlerweile ein kleiner Streichelzoo mit integriertem Gartencafé geworden ist – Subventionen aus Brüssel sorgen dafür, dass sich Rindviehhaltung zwischen Werse und Werre auch weiterhin rechnet. Heute holt der Landwirt seine Mettwurst aus dem Aldi und nicht mehr aus der eigenen Räucherkammer."

Kalender-Girl

Unser Frisör in Suchtdrup, der Clemens Schwattkopp, hat einen eigenen Kalender rausgebracht: **›Landluder‹** heißt der. Nur Modelle aus sein' Salon. Alle selbstgeknipst! Im Januar geht's gleich los mit ein' Knaller: Agnes Bölkenkötter vom Schinkenparadies aus Pruokeln, hinter de Fleischtheke auf'n Hauklotz: Bekleidet nur mit ein Kranz aus lufttrockene Mettendchen. Die Handarbeitsneigungsgruppe ›Woll-Lust‹ von Frollein Spinne hat protestiert: Der Kalender wäre frauenfeindlich – sie kriegten mal wieder nix zu sehen! Jetzt macht Clemens auch en Kalender für die Damen: **›Landlümmel‹**.

›Die Bullemänner‹

Fendt

Wenn du eine Woche lang auf'm Traktor gesessen hast, da bist du fertig. Also, nicht fertig, nein, aber die **Oberschenkel** wie Baumstümpfe. Knochenhart. Da musste mal in die Disco. Ablockern. Und frisches Veltins. Natürlich in der Woche auf'm Bock auch mal ein Bier. Ja, die Verkehrspolizei war mal da. Aber nicht auf'm gepflügten Acker. Wenn doch, tät ich ihnen ihre Bullenkutsche aber mal kurz tuschieren.
Nä, am Traktor traut sich keiner ran.

Edgar Külow

Feng Shui im Kuhstall

Schulte-Brömensiepen musste zugeben, dass seine Frau Guddi wieder mal Recht gehabt hatte. Im Stall hatte es zu viele dunkle Ecken gegeben. Außerdem war die Belüftung so schlecht gewesen, dass das Chi stagniert und sich negativ auf die Tiere ausgewirkt hatte. Eines morgens nach dem Melken schimpfte Guddi: »Das stinkt so erbärmlich! Sollte mich nicht wundern, wenn das schon **Sha Chi**, der todbringende Atem ist.« Nachdem sie eine Blockflöte mit einem roten Bändchen mit dem Mundstück nach oben an den Deckenbalken gebunden hatte, wurden die Energieflüsse im Stall sofort besser. Als Schulte-Brömensiepen schließlich durch den Einbau von zwei mit Sonnenlichtsensoren gesteuerten Dachflächenfenstern auch noch einen einwandfreien Ost-West-Lichtfluss herstellte, befand sich endlich alles im Gleichgewicht. Die Schwarzbunte Nummer 53 dankte es ihren Eigentümern mit einer Steigerung der Jahresleistung um 12,53% auf 6.714 kg (Laktation 2010).

Fritz Eckenga

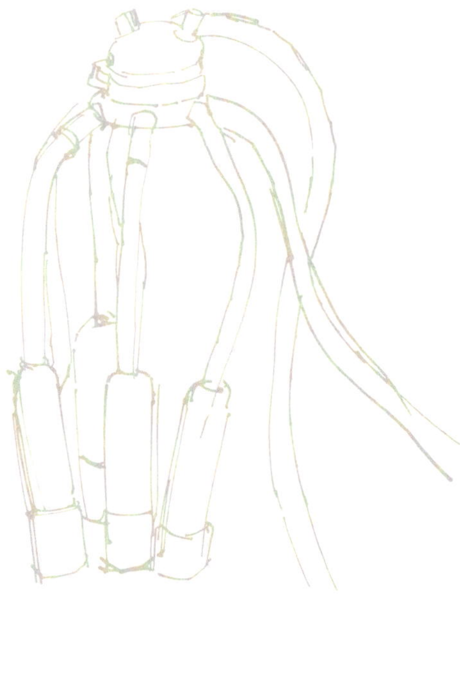

Panhas mit Tränen

Der Metzgermeister Ansgar Ochtrup (58 Jahre), ein gedrungener, kräftiger Mann mit vielen geplatzten Äderchen in seinem großen Gesicht, sitzt mit der Schüssel zwischen den Knien im Schuppen des Fahrradhändlers Neumann auf einem Hocker und rührt Blut. Der Fahrradhändler hatte seinen Zwillingen ein Ferkel zum Geburtstag geschenkt. Es wurde gut gefüttert. Nun war es so weit gewesen. Um den Hallas mit dem Schlachthof zu vermeiden, hatte der Kegelkollege ihn gefragt: Kannst du das nicht eben machen? Klar. Doch dies ist seine letzte **Schwarzschlachtung**. Cordula hat ihm die Pistole auf die Brust gesetzt. Du trinkst zuviel, sagte sie. Nach jeder Hausschlachtung bist du besoffen! Und das mit deinem Blutdruck! Das mach' ich nicht mehr mit! – Dies ist das letzte Mal. Endgültig. Feucht rinnt es über seine Wangen und Tränen tropfen ins Blut.

Ralf Thenior

Schwein gehabt

Seit ich denken kann, ist mein Lieblingsschwein Paschik aus dem Theaterspiel der Augsburger Puppenkiste. Noch heute können mein älterer Bruder und ich sämtliche Dialoge auswendig nachsprechen. Zu real existierenden Schweinen habe ich dagegen kein Verhältnis, ganz im Gegensatz zu dem, wie es meine Omma Frieda zu Lebzeiten hatte. Oppa Albert kaufte in der ›schlechten Zeit‹ in jedem Frühjahr ein Ferkel von Schweine-Wöstmann. Meine Omma kümmerte sich liebevoll um das Tier, und es dauerte nicht lange, bis es ihr ans Herz gewachsen war. Es wurde gehegt und gepflegt und gemästet. Und dann kam der Tag, an dem der Hausschlachter Hannhörster gerufen wurde, um das Schwein um die Ecke zu bringen. Jedes Jahr, immer wieder, hat meine Omma Frieda der Exekution nicht zusehen können, ist auf den Hof gelaufen und hat sich die Augen wischen müssen. Der Haushund, die Promenadenmischung ›Pussi‹, ging beinahe regelmäßig mit einem Schweinefuß flöten. Es war in der **›schlechten Zeit‹**, aber darüber musste meine Omma doch immer wieder ein wenig lächeln.

Andreas Scheffler

Westfälische Regionalkrankheiten

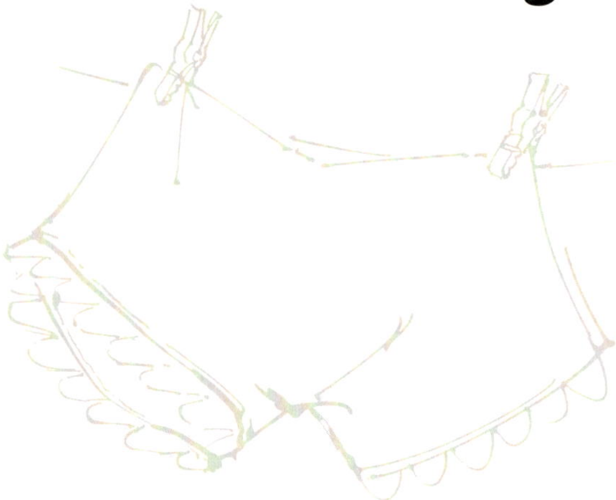

›Gesichtslähmung‹ ist eine typische westfälische Regionalkrankheit. Sie tritt häufig im Gefolge von ›westfälischer Mundfäule‹ auf, die gerne Männer befällt, die jahrelang in ihrer Ehe nicht mehr gesprochen haben. Der nicht genutzte Sprechapparat fault dann weg. Im **›Klinikum für westfälische Regionalkrankheiten‹** werden diese Männer aufgepäppelt. Sie lernen, ihre Ehefrau wieder anzufassen: In einer ›Tast-Therapie‹ – an einer Speckschwarte.

›Die Bullemänner‹

Nefertiti-Piercing

Also so ein Quatsch! Janin, Carolin, Lea, alle haben so ein Ding. Selbst Reinhild Strunz aus der Klasse unter uns hat schon ein Nefertiti-Piercing. Die hat es gestern abend ihrem Freund gezeigt. Der war hellauf begeistert und wollte es gleich anfassen. Schon die ägyptische Königin Nofretete hatte eins aus Gold; aber die brauchte es ja auch nicht selbst zu bezahlen, schrieb Echnaton, der es schließlich wissen musste, denn er war ja ihr Mann. Onkel Konni meinte, er könne es billiger machen. Er hätte eine **Piercing-Zange**. Der spinnt doch. Der ist im Rinderzuchtverband und setzt eigentlich nur Ohrmarken. Unser Mutter sagt: »Wennze das machst, kannze gleich ausziehen.« Da kann ich nur lachen. Und wer macht da früh die Kühe?

Edgar Külow

Noch empörender scheinen ihm (gemeint ist der Paderborner) die Forst- und Jagdgesetze, da ja »unser Herrgott das Holz von selbst wachsen läßt und das Wild aus einem Lande in das andere wechselt«. Mit diesem Spruche im Munde glaubt der Frevelnde sich völlig berechtigt, jeden Förster, der ihn in flagranti überrascht, mit Schnupftabak zu blenden und, wie er kann, mit ihm fertig zu werden. Hier scheitern alle Anstrengungen der sehr ehrenwerten Geistlichkeit, und selbst die Versagung der **Absolution im Beichtstuhle** verliert ihre Kraft.

ANNETTE VON DROSTE-HÜLSHOFF

Fasan tot
Ente tot
Mäuse tot
Wolf tot
Hund tot
Eichhörnchen tot
Hase tot
Sau tot
Mufflon tot
Damhirsch tot
Fuchs tot

Alles tot

Seit Sonnenaufgang stand Jagdpächter Hubert Diethelm nun auf der Lichtung des kleinen Waldstücks bei Dörentrup und trainierte mit nicht nachlassender Leidenschaft für die Deutschen Meisterschaften der **Hirschrufer**. Ihm blieben nur noch zwei Monate bis zum Wettbewerb. Vor allem die zweite Prüfungsaufgabe war höchst anspruchsvoll. Dafür würde er sein volles Potenzial abrufen müssen. ›Der Hirsch ruht am Brunftende erschöpft neben seinem Rudel. Er liegt im Bett, ist heiser und ohne Konkurrenz.‹ Hubert Diethelms besonderer Ehrgeiz bestand darin, die Hirschrufe auf seinem Jagdhorn zu imitieren. Das hatte noch niemand vor ihm getan. Damit würde er einen einzigartigen Triumph feiern. Seine bisherigen Trainingserfolge stimmten ihn verhalten optimistisch. In großer Zahl folgten die Tiere der Umgebung seinem heiseren Rufen und versammelten sich ohne Ansehen von Gattung, Geschlecht und Religion in trauter Runde um den designierten Deutschen Meister.

Fritz Eckenga

Städter

„Dortmund und Gelsenkirchen hatten die Bundesligastadien, Essen die Grugahalle mit den Rockpalast-Konzerten. Und zwischen den Discos in Bielefeld und dem KJG-Jugendtanz in Delbrück lagen nicht nur ein paar Kilometer sondern Lichtjahre. Manchmal reichte das Spritgeld am Samstag abend aber nur noch bis Gütersloh – für ›Pommes-Schranke‹ an der Frittenbude.“

Ich
kann
bei ISDN
zwischen
zehn
Klin
geltö
nen wäh
len, die mir
alle nicht
gefallen.
Mein
ISDN
hat
so
gar
ein Display
auf dem Dis
play kann ich
sehen, wer mich
angerufen hat,
selbst wenn ich
nicht da bin.
Kürzlich entdeck
te ich dort
eine Nummer, die
kannt ich gar nicht...

ISDN

»Mein Telefon hat jetzt ISDN. Früher hatte es Analog, das wusste ich gar nicht. Der Unterschied zwischen ISDN und Analog ist, dass Analog geht, ISDN nicht. Ich kann bei ISDN zwischen zehn Klingeltönen wählen, die mir alle nicht gefallen. Ich glaube, das nennt man **Freiheit**. Mein ISDN hat sogar ein Display. Auf dem Display kann ich sehen, wer mich angerufen hat, auch wenn wir uns nicht kennen. Einmal entdeckte ich dort eine Nummer, die kannte ich gar nicht. Ehe ich mich versah, rief dann mein ISDN diese Nummer an. Das war eine Überraschung, aber für beide. Es meldete sich ein Herr Huber aus dem Brüderkrankenhaus, der lag da und war Patient. Ich dachte nur, was für eine schöne Idee. Jetzt rufen die Kranken die Gesunden an. Wir gehen goldenen Zeiten entgegen.«

Erwin Grosche

Alte Herren

›Wann war das nochmal?‹, ist die Frage, die bei der wöchentlichen Mannschaftsbesprechung der ›Alten Herren‹ von **Westfalia 1921** am häufigsten gestellt wird. Am zweithäufigsten wird gefragt, ob jemand ›noch ein Pils‹ will, am dritthäufigsten, ob ›zuhause alles gesund‹ ist. Keine der Fragen ist an jemanden direkt gerichtet. Sie werden in den ganz tiefen Raum gestellt, weil da immer was frei ist. Niemand aus der Mannschaft erwartet eine schnelle, keiner eine überraschende Antwort. Man kennt sich, die Fragen und die Antworten schließlich schon sehr lange. Seit über 25 Jahren spielt man in der ›Alten Herren‹. Einige waren davor schon zusammen in der 1. Mannschaft von Westfalia. Die ›Erste‹, so wird manchmal behauptet, sei in jener Zeit ›sehr erfolgreich, Abstieg nie ein Thema‹ gewesen. Die Wahrheit ist, dass ein Abstieg gar nicht möglich war. Tiefer als Kreisklasse C geht ja nicht. Irgendwann tauchen aus der Tiefe des Raumes dann die Antworten auf. Sie lauten ›damals‹, ›ja sicher‹ und ›jou‹.

Fritz Eckenga

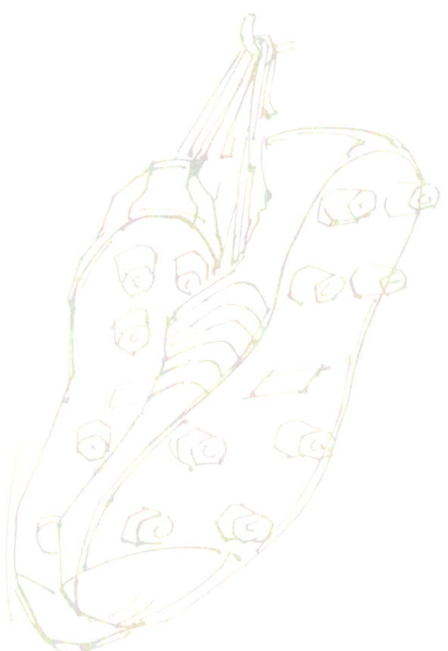

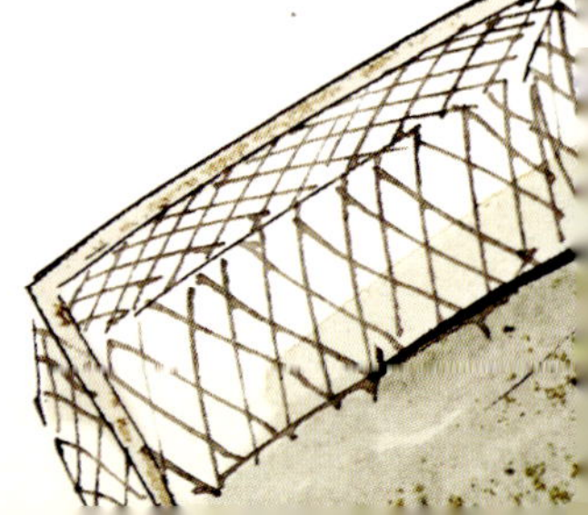

Glück und Unglück

Nä – jetzt ist Schluss! Sieben Jahre mache ich Diät, entsage jedem Sonntagsbraten, und was hat es mir gebracht? Ich habe **vier Pfund** zugenommen. Die Kinder sind aus dem Haus, und mein Mann ist mit einer Jüngeren abgehauen. Was hat die dicke Heutelbeck die letzten Jahre gemacht? Nix. Und letzten Mittwoch hat sie im Lotto gewonnen. Das Leben ist ja so ungerecht.

EDGAR KÜLOW

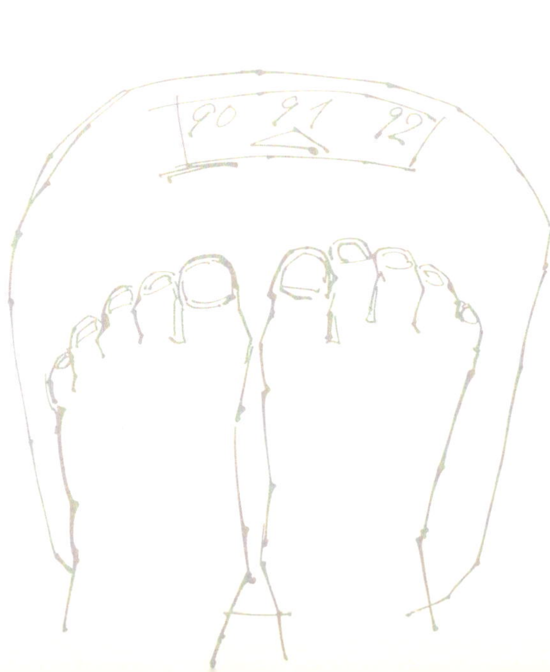

Bitte, Schnitte!

Schnitte, ich schnitt dich vom Laibe,
im zartesten Frühmorgenrot,
Scheibe, ich bitte dich, bleibe
bei mir, bis zum Spätabendbrot.

Schnitte, bleib bitte geduldig,
frag nicht nach zu frühem Verzehr,
vertrau mir, ich bleibe nichts schuldig,
ich mag dich sehr spät umso mehr.

Schnitte, saug bitte das Streichfett,
mit dem ich dich strich, in dich ein,
verschmelze mit ihm und dem Kochmett,
verbündet euch, werdet Verein.

Schnitte, ich schnitt dich doch mittig
und klappte dich streng kongruent,
dass du, und darum nur bitt ich,
was abschwitzt ins Pergament.

Schnitte, gib bitte den Saugsaft
so nach und nach ab ins Papier.
Verliere Aroma und Frischkraft,
vertrockne im Jetzt und im Hier.

Schnitte, sei mir bitte Nahrung
im schummrigen Spätabendrot,
sei Lohn meiner Tagesentsagung,
sei des Hungrigen Hasenbrot.

Fritz Eckenga

Facon

Früher hieß mein Friseur Carl Marx, er kam aus Krefeld und hatte beim **Gardia Schaumwettbewerb** einen Meisterbrief gewonnen. Er sprach alle seine Kunden als Promis an, schnitt Facon wie gewöhnlich und wenn ich an der Reihe war, erzählte er von billigen tschechischen Skigebieten und warum der Metzger aus Rabber oder Helpup seine Frau an Heiligabend erstochen hat. Dann machte er dicht. Es rechnete sich nicht mehr. Der ist doch pleite, sagte der Nachbar. Jetzt habe ich einen türkischen Friseur, er spricht wenig. Facon?, fragt er. Wie gewöhnlich, nicke ich. Und wie jedes Mal kommt nach schweigend vollzogener Frisur die Frage: Mit Gel? – Und ich: Das verträgt meine Mütze nicht.

Ralf Thenior

Erleuchtung

Wenn bei jedem Heimspiel im Heidewaldstadion zu Gütersloh der Meckeropi auf seinem Stammplatz steht und ein um's andere Mal mit versteinertem Gesicht »Schiedsrichter, Telefon!« brüllt, der Pfeffer-Mann ständig lautstark mehr Pfeffer im Angriff einfordert und der Stadionsprecher auffällig unsicher artikuliert, dann steht die Zeit für mich still. Wenn der dorfbekannte Trunkenbold nach einer Niederlage aufgrund fragwürdiger Pfiffe zur Schiedsrichterkabine stürmt und verkündet: »Dem haue ich einen über'n Bregen!«, dann stellt sich bei mir ein aufrichtiges Gerechtigkeitsempfinden ein. Und genau dann ist der Zeitpunkt gekommen, in der Kneipe bei Engelbert einen Klaren zu trinken und noch einen, bis ich mit dem Vizetrunkenbold des Dorfes Polka tanze. Am Tisch zurück, stelle ich mir vor, wie der **Meckeropi** am nächsten Morgen verkatert vor seinem Rasierspiegel hockt. Die Lichterkette blinkt. Er hasst diese Lichterkette, aber sie ist das Einzige, was ihm von seiner verstorbenen Frau noch geblieben ist. Er hat keine Freunde, bis auf – vielleicht – diese bestimmte Küchenschabe. Und während ich mir das vorstelle, kommt Opi lachend in die Kneipe gestürzt, setzt sich an den Tresen und schmeißt eine Runde. Außen am Schnapsflaschenregal blinkt lustig eine Lichterkette.

Andreas Scheffler

Der Wein war ein Gedicht

Mussich kosten –
Junge Junge,
der liegt ewig auf der Zunge!
Tut mir lei – Hicks –
Tut mir leiter!
Dagegen ist der Weiße Zweiter!

Huhn muß raten?
Braaaten! Rohr!
Fisch vergessen – kommt mal vor!
Kann nix machen,
muss zum Müll.
Der Rote macht mich lall und lüll.

Dummes Huhn,
bis morgen dann.
Heut leg' ich keine Hand mehr an
Dein Fl – dein Fl –
Dein tzartes Fleisch.
Wo far denn noch die Wlasche gleisch?

Versteckdichnich!
Ich finde dich!
Heutkochichnich heuttrinkichdich!
Da bissuja,
mein roter Bruder,
Dadí Dadú Dadí Dadúda!

FRITZ ECKENGA

»Das ist ein hinterlistig Liedken!«, sagte Herr Benölken und kehrte seine Schaufelhände zum Himmel. Ich war erstaunt. Herr Benölken spricht sonst nie. »Welches?«, fragte ich. »Eben dieses **Schwabbeldischwabbeldischwabbeldidu** aus der Werbung. Es ist schädlich.« Er spuckte auf den Boden. »Es insinuiert: lass locker, du kannst auch dick sein, und wenn du Schweinerei gemacht hast, dafür gibt's ja dieses Spray. Es spricht die niederen Instinkte an. Es fördert die Unducht!« Ich nickte. »Aber was das Schlimmste ist: ich krieg die Melodie nich' mehr aus'm Kopp«, sagte Herr Benölken bekümmert. »Den ganzen Tag höre ich Stimmen, die immer nur eins singen: schwabbeldidu.« »Im nächsten Herbst haben Sie es vergessen«, sagte ich.

Ralf Thenior

Schwabbeldidu

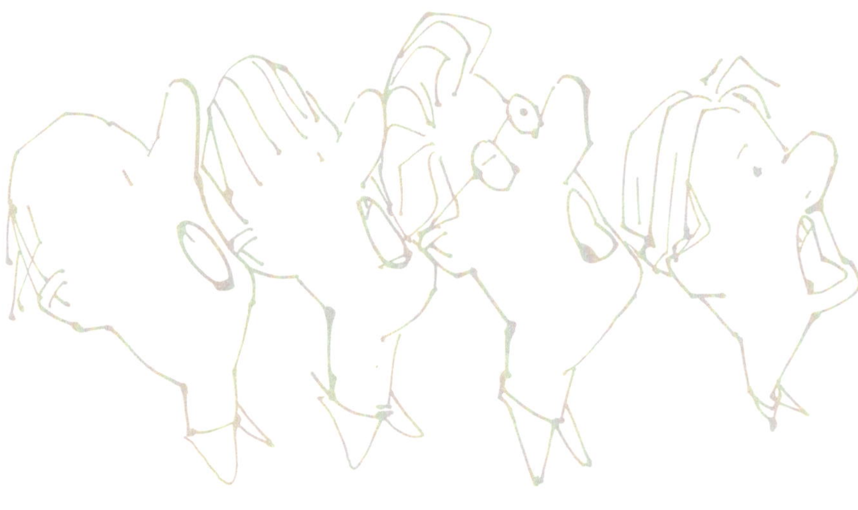

Urlaubsträume

Wenn se im Urlaub am Nil z. B. in Luxor Gruppenfottos machen, woll, das ist ganz prima. Wenn se aber die Bilder in Brackwede machen, diese dann als Ägypten-Fottos deklarieren, dann müssen sie unbedingt darauf achten, dat im Hintergrund dat Hermannsdenkmal nicht zu sehen ist. Oder nicht bekannte Leute zeigen, die im Teutoburger Wald wohnen. Sonst heißt es gleich wieder: **»Der Fottograf war gar nicht bei Mubarak!«**

Edgar Külow

Mehltau und Spinnenmilbe

Mutter hat Frau Wups zu einem **Schlehenlikör** eingeladen. Die hat doch was auf dem Herzen. Es will aber noch nicht gleich raus. Mutter schenkt nach. Endlich hat Frau Wups sich durchgerungen. Jetzt kann sie es sagen. Sie sagt es: »Mein Thymian hat die Spinnenmilbe!« Mutter: »Ja. Meine Zitronenmelisse hat den Mehltau.« Frau Wups guckt. Sie ist schon etwas geladen. Sie sagt: »Nein, keinen Mehltau. Mehltau nie! Meine Pflanzen hatten niemals Mehltau, immer nur Spinnenmilbe!« Mutter so: »Ja immer wir! Warum kriegen die Pflanzen von Frau Hölscher, Frau Kötter und Frau Vertgewall keinen Mehltau?« »Nein«, schreit Frau Wups. »Keinen Mehltau, Spinnenmilbe!« Und Mutter: »Egal. Hauptsache Frau Hölscher, Frau Kötter und Frau Vertgewall ihre Pflanzen kriegen sie.« »Na, gut«, sagt Frau Wups.

Ralf Thenior

Brot statt Böller

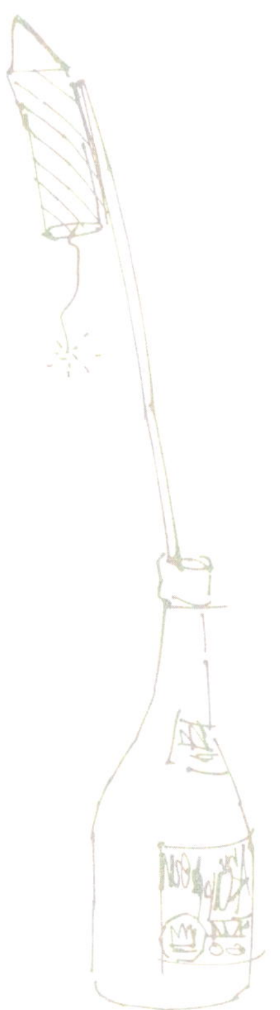

Den ganzen Dezember 2009 hatte Wigbert Stegemann gewettert: »Diese ganze **Verschwendung** immer nachts an Silvester. Was dat allet kostet! Ich mach dat nich mehr mit. Ich mach dies Jahr ›Brot statt Böller‹!« Das führte damals zu großer Ausgelassenheit auf Stegemanns Hausparty, und noch heute beömmelt sich halb Delbrück darüber, wie Wigbert um Mitternacht hackevoll auf der Straße stand, einen Kanten Graubrot nach dem anderen in die Luft schleuderte und fuchsteufelswild wurde, weil es nicht das geringste Geräusch gab.

Andreas Scheffler

Herzenswünsche

„Sturheit und Wortkargheit werden dem Westfalen nachgesagt. Beides Eigenschaften, die bei der Partnersuche nicht unbedingt hilfreich sind. Man! haben wir uns doof angestellt: Den Tanzkursus in Schloß Neuhaus gleich nach der zweiten Stunde abgebrochen, auf Feten bei ›Samba Pa Ti‹ lieber ein frisches Bier geholt, anstatt die Traumfrau nun endlich zum Tanzen aufzufordern. Heute gibt es ›www.friendscout24.de‹ und für die ganz harten Fälle ›Bauer sucht Frau‹.“

Der **Paderbörner Wildling** aber,
hat Erziehung und Zucht nichts an ihm getan,
wirbt wie ein derbes Naturkind
mit allem Ungestüm seines heftigen Blutes.

Annette von Droste-Hülshoff

In der Wurst liegt die Wahrheit

Wo lebt der Mann auf? Am Grill!
Die Frau muss ja nur die Holzkohle holen, dann steht er schon da:
»Geh mal weg. **Lass mich mal machen**!«
Das Fleischliche, das weckt noch was in ihm. –
Vor allem das Kalbfleisch: bauchfrei, Hüfthose, Arschgeweih.

›Die Bullemänner‹

Sprachbarrieren

Der offenherzige Milchbauer Gernot aus Gütersloh hatte in der Fernsehsendung ›Bauer sucht Frau‹ kein gutes Händchen. Seine potentielle Ehefrau Doreen aus Thüringen suchte schon nach einem Tag das Weite. Es sei ja schon schwer, wenn man das erste Mal inne Bauern wäre, sagte Gernot später. Am Anfang hätte sie gleich mittenmang im Modder gestanden und sei ordentlich muffelich gewesen. Er hätte da nix um bei gehabt, aber sie wäre nur noch am nöhlen gewesen. Dann wär ihr mittenmal kodderig geworden und sie hätte die Lauferei gekriegt. Er hätte ihr dann einen Pölter gegeben und sie in die Falle geschickt. Gernot hätte nicht schännen wollen, dann aber richtig ein' geschasskert, bis er knülle und ihm derbe schwummerig gewesen wäre. Er hätte dann auch inne Falle gewollt. Da hätte sie ihn mit seinen Schweißmauken inner Schlafbuxe gesehen und fast einen Dahlschlach gekriegt. Gernot hatte gedacht, am nächsten Morgen wäre alles wieder inne Fissen gewesen, aber: **flötepiepen**. Er wäre noch bedötscht gewesen, als sie ihm vertellt hätte, dass sie damit durch sei und butz wech wolle. Die Doreen hätte ihn immer nur tüddelich inne Döppen geguckt und eh nich richtich wullacken können. Aber er hätte ja noch seine zwei Möpse, die Pusselchen.

Andreas Scheffler

bauer sucht frau

Immer, wenn ich an Pink Floyd denke

Manchmal legt Silke nachmittags ihre alte Lieblingsscheibe auf und tanzt sich zurück in den Sommer von 1973. Es war der **Sommer der Kuh**. Silke und die anderen aus der Ostenhausener Klicke waren an einem Wochenende im Juni nach Dortmund gefahren. Jürgen hatte auf dem Flohmarkt für unglaubliche sechs Mark ein guterhaltenes Exemplar von Atom Heart Mother gekauft. Von dem Tag an trafen sich die beiden, so oft es nur ging.

Am besten war es bei ihm, denn Jürgen hatte eine eigene Wohnung und eine super Anlage. Atom Heart Mother war der Soundtrack ihrer Sommer-Liebe. Schon beim ersten Stück musste Silke immer aufpassen, dass der Rausch sie nicht völlig überwältigte. Es dauert ja sagenhafte 20 Minuten. Im Oktober 73 zog Jürgen zum Studieren nach Kassel und schenkte Silke zum Abschied das Album. Zwei Jahre später heiratete sie Wilfried.

Fritz Eckenga

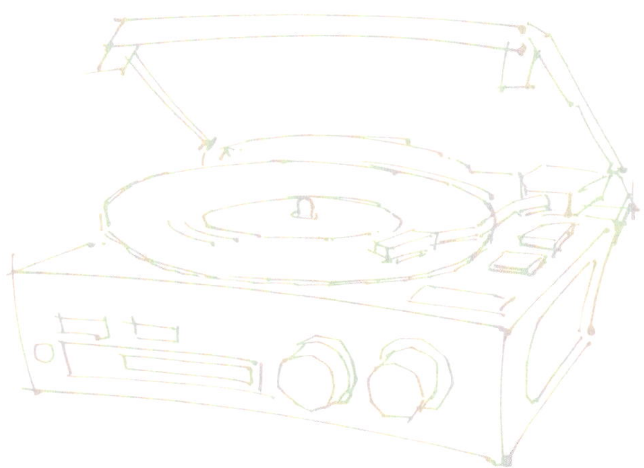

GONG

Ilse Herbort auf dem Weg zum Bullenball. Man hat ihr weißgemacht, **Robbie Williams** werde auftreten. Sie glaubt es nicht. Hat aber für alle Fälle die neuen hohen Hacken und ein Geschenk dabei.

Michael Klaus

Vaterunser

»Das stupide Auswendiglernen von Bibelversen im Konfirmandenunterricht muss schon eine schlimme Sache sein. Noch härter aber traf es den Katholiken: Ein Mal im Monat zur Beichte war Pflicht. Für schwere Sünden wie »unkeusch in Gedanken, Wort oder Tat« gab's die »Auswärtsbeichte« in Paderborn, wo einen der Beichtvater nicht kannte. Sonntags musste man in die Messe und nach dem Mittagessen schickte Mutti einen in die Andacht. – Auch wenn du sonntags schon längst nicht mehr die Kirchbank drückst, statt dessen die Software deines Rechners updatest – deine westfälische Nase wird den Geruch von Weihwasser nie wieder los.«

Obwohl der Konfession nach katholisch, ist das Fabrikvolk (gemeint ist der Sauerländer) doch an vielen Orten bis zur Gleichgültigkeit lau und lacht nur zu oft über die Scharen frommer Wallfahrter, die vor seinen Gnadenbildern bestäubt und keuchend ihre Litaneien absingen und an denen ihm der Klang des Geldes, das sie einführen, bei weitem die **verdienstvollste Musik** scheint.

Annette von Droste-Hülshoff

Als er mit der Schüppe über dem offenen Grab stand, dachte er daran, dass ein gestorbener Mensch, egal welches Leben er geführt hatte, im Augenblick seines Dahinscheidens plötzlich 40 Gramm leichter wird. Er dachte daran, dass mit diesen **40 Gramm** das Gewicht der Seele gemeint ist, die dem Sterbenden entweicht. Heute Morgen stand noch ein Nutella-Glas auf seinem Frühstückstisch, welches für den gleichen Preis 40 Gramm mehr Inhalt versprach. Da hatte er gleich gedacht: Kann denn Nutella das Gewicht der Seele aufwiegen, obwohl es schwarz ist? Kann man das, was einem im Tode fehlt, im Leben vorbeugend auftanken? Kann denn Nutella Sünde sein? Er wurde, wie gesagt, sehr nachdenklich, war aber zu traurig, um wirklich konkret sein zu können.

Erwin Grosche

Westfälische Beerdigung

Der Teufel hört mit

Nachdem der Pfarrer den Segen erteilt und den Altar geküsst hatte, zog die Gemeinde in einer langen Prozession den Dorfanger entlang und sang dabei folgendes geistliche Lied:

»Lieber Gott, Du bist ganz groß.
Wir ruhen all' in Deinem Schoß.
Du bist gütig und gerecht.
Ohne Dich ging es uns schlecht.
Lieber Herr im Himmel oben,
lass uns Dich gewaltig loben.
Lass Dich preisen, lass Dich ehren –
Kannst Dich nicht dagegen wehren.«

Gott gingen solche Bauchpinseleien schon lange ins eine Ohr rein, ins andere raus. Luzifer, der **Herr der Fliegen**, dagegen konnte sich nach wie vor jedes Mal schwarz ärgern.

Andreas Scheffler

Wiedergeburt

»Lieber Gott, ich war immer fest und sicher im Glauben, aber seit meine Mechtild eine Anhängerin des Buddhismusses ist, gerate ich ins Wanken. Sie kam die Tage an und sagte, unser Enkel, der Sven-Hendrik, wäre die Wiedergeburt von unserm alten Jagdhund, dem Falko! Ich sollte doch mal genau hingucken: Dat drahtige Haar, dat struppige Fell und immer Hunger. Und jetzt erwisch ich mich schon selber, wenn ich ein Tier sehe, wie ich überlege, wer dat wohl als Mensch gewesen sein könnte: Gestern beim Kaffee … ne Fliege auf meinem Apfelkuchen … Wie ich mir die beguck, wie die Streusel mummelt … diese großen Augen dabei, die Bäckskes prall gefüllt, da dachte ich: **Tante Lisbeth – Appeltaten-Lisbeth**!«

›Die Bullemänner‹

Geben ist seliger denn Nehmen

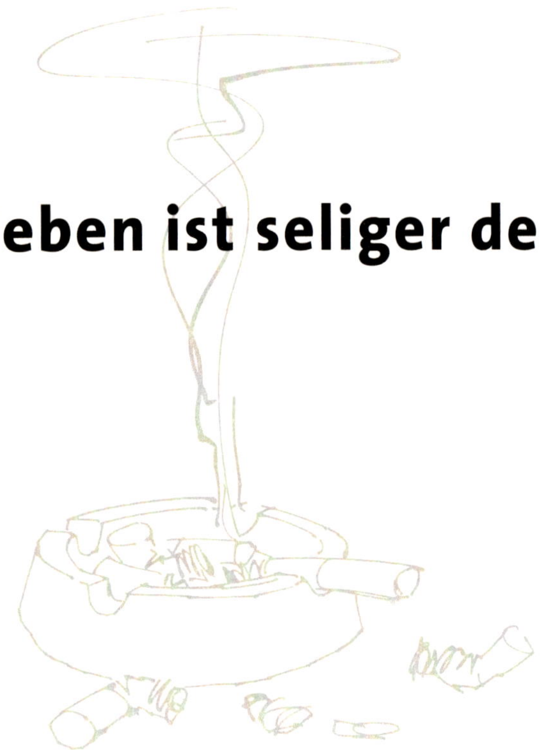

Dass die **Sternsinger aus Paderborn** in diesem Jahr beim Sammeln für einen guten Zweck ein Rekordergebnis erzielten und daraufhin im Bundeskanzleramt empfangen wurden, schrieb man im allgemeinen dem niedlichen kleinen Dromedar zu, welches die Kinder an einer Leine mitführten. Der Gesang, so sprach man hinter vorgehaltener Hand, sei ›grottenschlecht‹ gewesen. Nicht breit getreten wurde in der Öffentlichkeit allerdings, dass die Aktion von der R. J. Reynolds Tobacco Company gesponsort wurde und die Sänger großzügig Probepackungen Camel Filter an die Spender verteilten.

ANDREAS SCHEFFLER

20 C+M+B 10
Welcome

Vereint Feste feiern

„Trinken und Rumlabern macht alleine keinen Spaß. Zur besseren Terminabsprache gründet man einen Verein mit Satzung, Vorstand, Beisitzer und Jahresprogramm. So muss man sich über den Jahresrhythmus keinen Kopp mehr machen. Alles ist geregelt: Karnevalssitzung, Vogelschießen, Schützenfest, Heldengedenktag, nebst dazugehörigen Jahreshauptversammlungen, Michaeliskirmes, Tag der Offenen Tür im Spritzenhaus und Weihnachtsmarkt. Wer das nicht will, der bleibt zu Hause. Wer das nicht mehr kann, nimmt eine Auszeit im Harz.“

Paderborner Karnevalslied

Der Mops steht auf dem Stuhl parat
und ruf ich hops, dann springt er ab
und ruf ich rauf, dann springt er rauf
bis ich ihn unterm Tische sauf.

Der Mann steht auf dem Stuhl parat
und ruf ich hops, dann springt er ab
und ruf ich rauf, dann springt er rauf
bis ich ihn unterm Tische sauf.

Die Welt steht auf dem Stuhl parat
und ruf ich hops, dann springt sie ab
und ruf ich rauf, dann springt sie rauf
bis ich sie unterm Tische sauf.

Und steh ich auf dem Stuhl parat
und ruft wer hops, dann spring ich ab
und ruft wer rauf, dann spring ich rauf
bis ich ihn unterm Tische sauf.

Erwin Grosche

Närrische Höhepunkte

Was sagt der Westfale, wenn er richtig Spaß hatte?
»Ich musste lachen.«

›Die Bullemänner‹

WAHRE

Kriegerfest

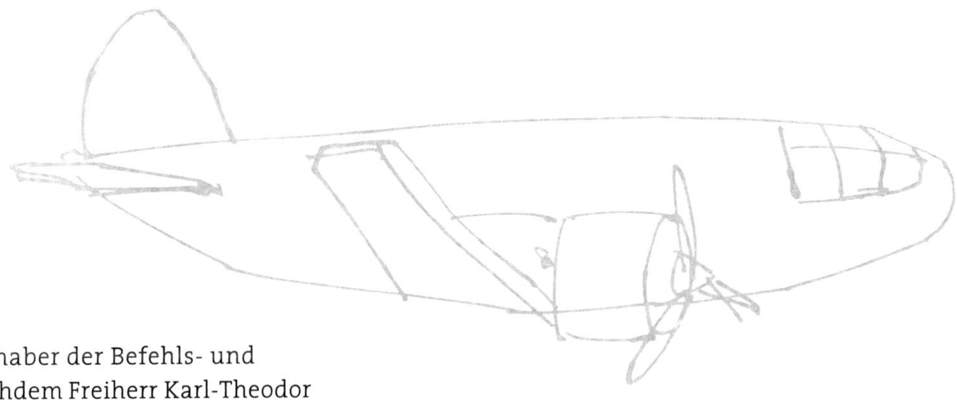

Nachdem der amtierende InBuK, der Inhaber der Befehls- und Kommandogewalt in Friedenszeiten, nachdem Freiherr Karl-Theodor zu Guttenberg zugegeben hatte, dass es sich beim Afghanistan-Einsatz der Bundeswehr um einen umgangssprachlichen Krieg handelt, durfte der extra aus Kunduz angereiste Oberstabsgefreite Johannes D. als voll akzeptiertes Mitglied des **Kriegervereins Knufinke** den Parademarsch des Gütersloher Kriegerfestes in der ersten Reihe absolvieren. Der ihm dieserart erwiesene Respekt der alten Kameraden erfüllte den Oberstabsgefreiten Johannes D. mit Stolz.

Fritz Eckenga (KDV)

Vögelschießen

Ausgerechnet am Tag des Vogelschießens hatte ein hinterlistiger Scherzbold die große Voliere des Hobbyornithologen Gerd Dopheide geöffnet. Zunächst erschrocken über die unerwartete Freiheit, fassten sich die Tiere schon bald und begannen einen fröhlichen Ausflug.

Nachbarn wollen gesehen haben, dass die Tiere zielgerichtet zur Festwiese des Schützenvereins **Falke Sundern** geflogen seien, wo die Waffenbrüder gerade dabei waren, den diesjährigen König unter sich auszumachen.

Andere Augenzeugen berichten, man hätte den Eindruck gehabt, die Vögel hätten den Sperrholzadler beschützen wollen. Nach etwas Verwirrung und einer Runde Klaren, die wohl nicht die erste gewesen sei, hätten die Vereinskameraden ›wie die Bekloppten‹ auf die Vögel geballert.

In diesem Jahr, so sagte Gerd Dopheide später mit belegter Stimme, habe es viele Schützenkönige gegeben. Aber dass er beim Schützenfest zum **Ehrenvorsitzenden** erklärt worden sei, wäre schon eine dolle Sache gewesen.

Andreas Scheffler

TRADITION bewahren-
in deutschTUM
verharren

»Die ganze Gruppe von Cheerleaderinnen am Heulen, weil die Poi Pois nicht angekommen sind«, wiehert Ludger Hönekopp, ehemaliger Kassenwart der Burschenschaft Teutonia, Bielefeld. – »Poi Pois!«, schnaubt der Landrat und spuckt das undeutsche Wort in die Runde zurück. »Es wird Zeit, dass wir uns auf unsere Traditionen besinnen! Wir sind radikal nationalistisch, antisemitisch, frauenfeindlich und rassistisch. Richtig?« – »Richtig«, sagen alle. – »Aber was ist mit der **Globalisierung**«, Hönekopp nu wieder, »Herr Landrat?« – »Die Globalisierung erledigen wir per Kavallerie«, spricht der nicht mehr ganz nüchterne Landrat. »Wir sind nicht allein, Männer. Von uns gibt es viele!«

RALF THENIOR

Aber die Globalisierung, Herr Landrat!

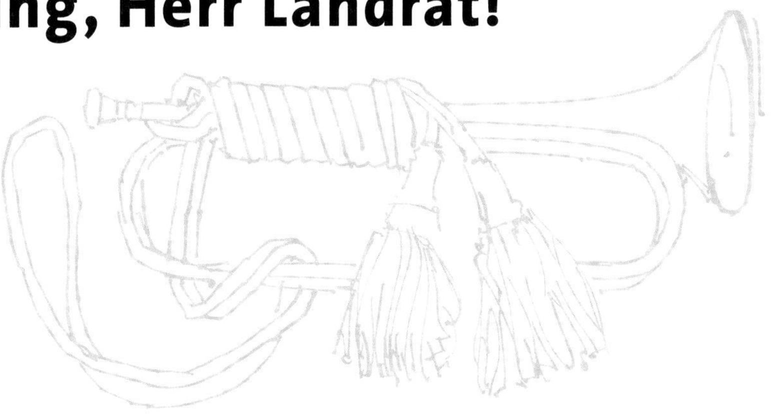

Westfälische Bescheidenheit

Die Vereinsvorsitzende Herma Kuhn hatte es einige Anstrengung und viele Telefonate gekostet, bis die Neue Westfälische widerwillig folgende wichtige Meldung abdruckte: »Die Kegelschwester vom Kegelverein ›Die mit dem Elch tanzen‹, Ursula Gerwing, erzielte anlässlich eines Kegelausflugs auf der Bahn der Gaststätte Biedendiek in Milte den seltenen Wurf **König aus dem vollen Bild**.« Der gediegene Westfale dagegen, wenn er eine außergewöhnliche Leistung kommentieren möchte, lässt es bei einem knappen »Dat kann nich jeder.« bewenden.

Andreas Scheffler

Wir gehen da rein, wo andere raus rennen!

»Wir hatten auch schlechte Zeiten in de Feuerwehr. Da waren wir nur noch drei Männekes: Der olle Schuster Riesenpatt als Löschzugführer, dem hatten sie den Führerschein weggenommen, Bernie, der hat die Klasse 2 nicht geschafft, so dass ich ganz alleine sehen konnte, wie ich den **Magirus**, die **Drehleiter** und den **Unimog** zum Brandort kriegte: Ein Fahrzeug hin, mit dem Fahrrad zurück und dat nächste geholt. – Et gab Brände, da hat man uns schon gar nich mehr gerufen!«

›Die Bullemänner‹

Der ultimative Kuss

Klaus Schmidtgert war dafür bekannt, dass er bei jedem Dorffest mit allen verfügbaren Frauen Brüderschaft trinken wollte. Je später es am Abend wurde, umso häufiger gelang ihm dies, und umso feuchter fielen die damit verbundenen Küsschen aus. Gegen zwei Uhr früh versenkte er seine sehr schwere Zunge versehentlich in Herbert Markötter. Kurz darauf waren die Polizei und der Malteser Hilfsdienst gefragt. Noch Jahre später wurde im Ort gemunkelt, Klaus Schmidtgert sei womöglich **›von der anderen Fraktion‹**.

Herbert Markötter hat es niemals über sich gebracht, ihn zu duzen. Und keiner kam auf die Idee, Schmidtgerts Pitbull-Dackel-Mischling Wotan eine Mitschuld an dem Eklat zu geben.

Andreas Scheffler

Doppelkopfrunde

Eva machte den gleichen Fehler wie vor vier Jahren. Am Anfang nicht aufgepasst und dann drei Epochen lang nichts gemerkt. Hätte sie einmal zu Stefan rübergeschaut, sie wäre sofort im Bilde gewesen. Stefan hatte eine Granate auf der Hand, simulierte aber das schlechteste Blatt des Jahrhunderts. Zu diesem Zweck verursachte er den Gesichtsausdruck eines Hamsters, der mit der Bettwäsche versehentlich in der Heißmangel gelandet war. So blutleer und geplättet kuckte er immer, wenn er Hochzeit hatte, aber nicht ansagte.

Allen anderen war direkt klar, dass er **stille Hochzeit** spielte. Eva aber meinte eine Ewigkeit lang, Ganter und Stefan wären Re, obwohl keiner was gesagt hatte. Als sie in der Hinterhand zum zweiten Mal Ganter überstach und ihn dabei triumphierend anstrahlte, kam eins zum anderen. Ganter zerrte nochmal Evas ganz alte Sünden auf den Tisch. 1997 hatte sie mal Karlchen mit Schweinchen verwechselt. Und 1988, als Stefan einen Gehirnlosen spielte, hatte sie hartnäckig versucht, mit den Dullen und den Alten zu stechen. Bevor man sich am Ende für die nächste Woche zum Spiel verabredete, fielen noch sehr hässliche Worte. Die aber haben in der Öffentlichkeit und neben einem so schönen Bild absolut nichts zu suchen.

Fritz Eckenga

Westfälisches Winterlied

Schnee Schnee Schnee
fallen tut nicht weh
Gut, dass es zur Weihnachtszeit
es nicht Elefanten schneit
Schnee Schnee Schnee
fallen tut nicht weh

Eis Eis Eis
macht die Welt so weiß
gerade mit Schlagsahne drauf
gibts im Winterschlussverkauf
Eis Eis Eis
macht die Welt so weiß

Ski Ski Ski
fallen tun wir nie
ganz neu ist die Tandemfahrt
wo man sich beim Skifahr'n paart
Ski Ski Ski
fallen tun wir nie

Erwin Grosche

Die Autoren

Annette von Droste-Hülshoff (1797 – 1848) gilt als eine der bedeutendsten deutschen Dichterinnen. Ihre Werke, vor allem ihre Meisternovelle ›Die Judenbuche‹ und die Ballade ›Der Knabe im Moor‹, sind in mehreren Millionen Exemplaren verbreitet. Noch heute sind Annette von Droste-Hülshoffs Skizzen zu Westfalen wie geschaffen für eine karikaturistische Annäherung an dieses Thema. In ihrer Erzählung ›Bilder aus Westfalen‹ beschreibt sie den Paderborner, den Sauerländer und den Münsterländer, und an vielen Stellen ihrer Ausführungen kann man noch heute sagen: »jau – so issa unser Westfale!« Annette von Droste-Hülshoff (›die Droste‹) steht ganz zu Unrecht in dem Ruf, eine verstaubte, stockwestfälische Heimatdichterin zu sein.

Die **Bullemänner** sind Augustin Upmann und Heinz Weißenberg. Beide wurden, 1955 geboren, in der Kleinstadt Selm im südlichen Münsterland groß. Sie gingen in dieselbe Klasse der Volksschule, machten Vollabitur und gründeten eine Studenten-WG. Auf ein Studienfach konnten sie sich nicht einigen: Der eine wurde Lehrer, der andere Anwalt – so haben beide recht. Beide haben heute eine Frau und drei Kinder – das aber wiederum jeder von beiden für sich. Seit 1974 sind sie gemeinsam Bühnenkomiker und seit 1994 die ›Bullemänner‹ mit westfälischem Ethnokabarett. – Einer von beiden schnarcht.

Fritz Eckenga (geb. 1955 in Bochum) ruhrt in sich selbst. Vom Stützpunkt Dortmund aus dichtet er sich die Welt zusammen. Die Ergebnisse stellt er auf Bühnen, in Büchern, Hörbüchern, im Radio, in Zeitungen und Zeitschriften vor. Eckenga kolumniert für die Radiosender WDR 2 und WDR 5 und ist ständiger Mitarbeiter der kulinarischen Kampfschrift ›Häuptling Eigener Herd‹. Zuletzt erschien im Verlag Antje Kunstmann sein vierter Gedichtband ›Fremdenverkehr mit Einheimischen‹. Mit dem gleichnamigen Bühnenprogramm reist Eckenga fleißig durch Gegenden, die von Publikum bewohnt werden. 2008 wurde er vom Presseverein Ruhr mit dem ›Eisernen Reinoldus‹ ausgezeichnet. 2010 erhielt Fritz Eckenga von der Hille-Gesellschaft den ›Nieheimer Schuhu, Peter-Hille-Literaturpreis‹.

Erwin Grosche wurde 1955 in Berge/Anröchte geboren. Er lernte schwimmen im Freibad Erwitte und verbrachte seine Kindheit im Pöppelsche Tal. Früh fand er dort den Weg zu künstlichen Welten und verlor sich bald darin. Bekannt ist sein Durst. Er kann manchmal nach Bühnenauftritten eine Flasche Wasser mit einem Zug austrinken. Sonntags liest er gerne Zeitungen und wartet, dass dieser Tag vorüber geht. Seit 2003 ist er Schirmherr von UNICEF PADERBORN und seit 2009 Botschafter der ›Stiftung Lesen‹. Im Jahre 2007 erhielt er den Peter-Hille-Literaturpreis für Kabarett und poetische Kleinkunst. Sein Lebenswerk wurde 2010 in der Ausstellung ›Westfälische Kabarettheroen‹ gewürdigt. Sein größter Erfolg wurde sein Kampf für Bäcker Mertens Tigerbrötchen, welches seit 2010 wieder in Paderborn gebacken wird.

Michael Klaus (1952 – 2008) schrieb Gedicht- und Erzählbände, Satiren, Romane, Hörspiele sowie Drehbücher zu Fernsehspielen und zum Adolf-Winkelmann-Kinofilm ›Nordkurve‹. Michael Klaus erhielt Stipendien der Stadt Gelsenkirchen, des Landes NRW, der Filmstiftung NRW und des Darmstädter Literaturfonds. Er wurde 1981 mit dem Förderungspreis des Landes NRW und 1991 vom Kommunalverband Ruhrgebiet mit dem Literaturpreis Ruhrgebiet ausgezeichnet. 2003 wurde er zum Vizepräsidenten des Deutschen P.E.N.-Zentrums gewählt. Er hatte Gastdozenturen an der Universität Essen und an der Internationalen Filmschule Köln.

Edgar Külow, geboren 1925 im westfälischen Werdohl, zog 1946 nach Leipzig, wo er sein Schauspielstudium aufnahm. Die Leipziger ›Pfeffermühle‹ entwickelte sich unter seiner Direktion bis er 1964 zwischen die Mühlsteine des Ulbrichtschen Repressionsapparates geriet und entlassen wurde. Als künstlerischer Leiter der ›Hallenser Taktlosen‹, in seiner Arbeit als Kleinkünstler ebenso wie als Autor des Berliner Satiremagazins ›Eulenspiegel‹ ist er jedoch ein provokanter und unbequemer Kritiker des SED-Staates geblieben. Als Schauspieler gehörte Kulow seit 1979 dem Ensemble des Deutschen Fernsehfunks der DDR an, wo man ihn auch in Hörspielen erleben konnte. Im Oktober 2006 wurde er mit dem Stern der Satire ausgezeichnet.

Andreas Scheffler wurde 1966 in Gütersloh geboren. Aufgewachsen inmitten von Kuhwiesen und Kornfeldern, zog es ihn 1987 nach Berlin. Dort studierte er Germanistik, Geschichte und Publizistik, bis es ihn zur Schriftstellerei und auf die Bühne zog. 1989 gründete er mit drei Freunden die satirische Zeitschrift ›Salbader. Belehrung und Erbauung‹. Noch heute ist er deren Mitherausgeber, Redakteur und Autor. Des Gründens nicht müde, etablierte er 1990 mit der Salbader-Belegschaft und dem Altkommunisten Dr. Seltsam, das Wortvarieté ›Dr. Seltsams Frühschoppen‹, welches mittlerweile unter dem Namen ›Der Frühschoppen‹ als älteste Lesebühne Berlins gelten darf. Seit 2003 ist Andreas Scheffler Kolumnist bei der Berliner Zeitung und lebt heute als freier Autor mit Frau und Katzen in Groß Köris im Dahme-Seengebiet.

Ralf Thenior, geboren 1945 in Bad Kudowa/Schlesien, aufgewachsen in Hamburg, lebt als Rotweintrinker und Gartenliebhaber in Dortmund. Seit Herbst 2009 ist er stolzer Datschenbesitzer im Kleingartenverein ›Hafenwiese‹ und kocht gern mit Gemüse aus dem eigenen Anbau. Er schreibt Gedichte, Erzählungen, Romane, Essays sowie Kinder- und Jugendbücher. Er war 1996 Stadtschreiber von Plovdiv (Bulgarien) und bekam 2006 das ›Große Edenkoben Stipendium‹. Für seine Arbeiten erhielt Ralf Thenior zahlreiche Preise und Auszeichnungen. So erhielt er z.B. 1997 den Lyrikpreis NRW, 1990 den Literaturpreis Ruhrgebiet und 1993 den Annette-von-Droste-Hülshoff-Preis. 2005 erhielt er den Preis des Landes NRW für das Carla-Chamäleon-Projekt.

Der Karikaturist und Illustrator

Peter Menne wurde 1962 ohne größeres Dazutun als Westfale geboren. Seine berufliche Laufbahn begann im Aktzeichensaal der FH Bielefeld, wo er es verstand, jedes Topmodell in eine Karikatur zu verwandeln. Des Studierens nicht müde zog es ihn 1991 nach Berlin. An der Kunsthochschule Berlin-Weißensee lernte er, mit dem Pinsel umzugehen. Doch seine alte Heimat OWL ließ ihn nicht los. 1993 erhielt er ein Stipendium in Schwalenberg (Lippe). Und so pendelt er noch heute zwischen Ost und West – zwischen Potsdam, wo er sich mit Frau, zwei Kindern aber ohne Hund häuslich niedergelassen hat und OWL. Durch eigene Publikationen hat er sich einen Namen als Karikaturist und westfälischer Milieuzeichner gemacht. Als Illustrator arbeitet er für zahlreiche Tageszeitungen, Fachmagazine und Buchverlage.

Impressum

Bilder und Konzeption
Peter Menne

Texte
Annette von Droste-Hülshoff | Augustin Upmann
und Heinz Weißenberg (Die Bullemänner)
Fritz Eckenga | Erwin Grosche | Michael Klaus
Edgar Külow | Andreas Scheffler | Ralf Thenior

Vorwort
Walter Gödden

Gestaltung
Josef Peters

Druck
Hans Kock | Buch- und Offsetdruck GmbH,
Bielefeld

Erschienen im
tpk-Regionalverlag, Bielefeld 2011
www.tpk-verlag.de

ISBN
978-3-936359-45-9

Der Abdruck von ›Der Wein war ein Gedicht‹ und ›Bitte, Schnitte!‹ erfolgte mit freundlicher Genehmigung des Verlags Antje Kunstmann, München. Die beiden Gedichte erschienen in Fritz Eckengas Büchern ›Draußen hängt die Welt in Fetzen‹ und ›Jahreshauptversammlung meiner Ich-AG‹.

Dank gilt ausdrücklich allen mitwirkenden Autoren. Ihre kreativen und humorvollen Geschichten treffen genau den Ton, den auch die Bilder einschlagen.

Gefördert wurde diese Publikation durch folgende Institutionen:

Heinrich Siebrasse Stiftung

Landschaftsverband
Westfalen-Lippe

Lippische Kulturagentur
Landesverband Lippe

Nyland-Stiftung

Sparkasse Gütersloh
Sparkasse Delbrück